AF394119

LANȚUL VALORIC AL LUI MICHAELPORTER

Eliberați avantajul competitiv al companiei dvs.

LANȚUL VALORIC AL LUI MICHAELPORTER

Eliberați avantajul competitiv al companiei dvs.

scris de Xavier Robben
tradus de Alina Dobre

LANȚUL VALORIC AL LUI MICHAEL PORTER

INFORMAȚII CHEIE

- **Nume: lanț valoric**, lanțul valoric al lui Michael Porter.
- **Utilizări:** îmbunătățirea competitivității, reducerea costurilor, creșterea creării de valoare.
- **De ce are succes?** Poate fi adaptat la toate tipurile de afaceri, crește drastic performanța și cuprinde o serie de pași clari și bine definiți.
- **Cuvinte cheie:** avantaj competitiv, crearea de valoare, instrument analitic, subdiviziune a activităților.

INTRODUCERE

Istorie

Profesorul Michael E. Porter (născut în 1947), de la Harvard Business School, este cunoscut pentru lucrările sale privind strategia competitivă, competitivitatea și dezvoltarea economică a națiunilor, statelor și regiunilor.

În anii 1980, a început să studieze conceptul de avantaj competitiv și a dezvoltat o serie de teorii strategice în cartea *Avantaj competitiv: Creating and Sustaining Superior Performance* (1985). Multe dintre aceste teorii au fost adoptate rapid de întreprinderile care căutau să îşi îmbunătăţească rezultatele.

Potrivit acestuia, companiile îşi ating superioritatea prin stăpânirea forţelor competitive, cunoscute sub numele de "cele cinci forţe ale lui Porter". Acesta este un concept-cheie în managementul modern şi a fost explorat de Porter în *"Strategia concurenţială": Tehnici de analiză a industriilor şi a concurenţilor* (1980; republicat cu o nouă introducere în 1998).

Definirea modelului

Un lanţ valoric este o serie de acţiuni care se desfăşoară pentru a furniza un produs sau un serviciu valoros pe piaţă.

Orice companie, asociaţie sau organizaţie care creează valoare şi doreşte să îşi îmbunătăţească competitivitatea poate utiliza lanţul valoric pentru a-şi atinge obiectivele. Modelul permite întreprinderilor să analizeze fiecare dintre activităţile lor pentru a îmbunătăţi cât mai mult posibil fiecare etapă, maximizându-şi astfel avantajul competitiv. Lanţul valoric este un instrument valoros în managementul strategic, deoarece acţionează asupra poziţionării unui produs sau serviciu pe piaţă.

Lanţul valoric are trei obiective principale:

- îmbunătăţirea serviciilor

- reducerea costurilor

- să creeze valoare.

TEORIE

CREAREA DE VALOARE

Înainte de a putea dezvolta un avantaj competitiv, companiile trebuie să înțeleagă conceptul de creare de valoare. Acesta este un sistem analitic conceput pentru a descompune diferitele funcții ale unei companii și a examina costurile acestora, cu scopul de a distribui cât mai eficient resursele de-a lungul lanțului. Acest lucru permite poziționarea strategică a produselor pe piață pe baza costurilor sau a diferențierii lor.

Costurile pot fi reduse prin:

- optimizarea procesului de fabricație;

- achiziționarea de materii prime la un cost mai mic;

- inovatoare;

- să lucreze la funcționalitatea unui produs pentru o mai mare diferențiere;

- creșterea calității producției;

- îmbunătățirea serviciilor pentru clienți;

- reducerea timpilor de livrare printr-o bună organizare logistică.

O analiză eficientă a diferitelor funcții ale companiei poate stimula productivitatea și poate duce la o creștere durabilă și profitabilă.

COMPONENTE

Modelul lui Porter cuprinde nouă funcții majore genera-
toare de valoare, care sunt împărțite în două categorii:

- Există cinci activități principale care afectează în mod direct valoarea adăugată a produsului final. Această categorie cuprinde activitățile legate de logistica de intrare (1), operațiunile (2), logistica de ieșire (3), marketingul și vânzările (4) și serviciile (5).

- Există patru activități de sprijin care sunt implicate indirect în crearea valorii adăugate finale. Acestea sunt activitățile legate de infrastructura întreprinde-rii (1), resursele umane (2), dezvoltarea tehnologică (3) și achizițiile (4).

 ## SELECTAREA ACTIVITĂȚILOR GENERATOARE DE VALOARE

Selecția activităților generatoare de valoare se bazează pe trei criterii:

Se bazează ele pe mecanisme economice diferite?

Constituie acestea o fracțiune considerabilă din costuri?

Afectează ele direct avantajul competitiv?

Porter reprezintă afacerea cu ajutorul unei diagrame simple, în care activitățile primare sunt poziționate pe verticală, în timp ce activitățile de suport sunt plasate pe orizontală. Marja reprezintă diferența dintre valoarea finală a produsului și costurile totale legate de acesta (creare, lansare etc.). Dimensiunea marjei depinde de avantajul competitiv al fiecăreia dintre cele nouă funcții ale întreprinderii. Fiecare întreprindere are propria diagramă, care va varia în funcție de numeroși factori diferiți, inclusiv caracterul său, industria sa, poziționarea sa și eficiența sa.

 **AVANTAJ COMPETITIV**

Avantajul competitiv al unei companii față de concurenții săi poate fi observat prin compararea lanțurilor valorice ale acestora. Calitatea unei activități are un impact direct asupra costurilor, satisfacției clienților și mărimii marjei. Analiza unei funcții nu dă întotdeauna un rezultat pozitiv, deoarece se poate dovedi că unele funcții consumă valoare sau generează mai puțină valoare decât concurenții companiei.

Activități primare

Activitățile primare sunt principalele funcții organizate în cadrul unei întreprinderi. Acestea contribuie în mod direct la crearea produsului, la activitatea de marketing, la politica de vânzări, la livrarea către clientul final și la serviciul post-vânzare. Deși nu toate întreprinderile funcționează în același mod, cele mai multe dintre ele desfășoară aceste cinci activități primare:

- **(1) Logistica de intrare se** referă la procedura de achiziție a resurselor, inclusiv a materiilor prime, primirea acestor materiale, intrarea în stoc etc.

- **(2) Operațiunile** implică utilizarea de materii prime, producția de bunuri, testarea calității, ambalarea, întreținerea etc.

- **(3) Logistica de ieșire** include producția de stocuri, pregătirea comenzilor, livrarea către distribuitori și clienți finali etc.

- **(4) Marketingul și vânzările** includ promovarea, comunicarea, stabilirea prețurilor, publicitatea, gestionarea canalelor de distribuție etc.

- **(5) Serviciile** implică reparații, întreținere, servicii post-vânzare etc.

👁 INTERCONECTAREA ACTIVITĂȚILOR PRIMARE

Aceste activități nu sunt independente una de cealaltă, iar un control bun al unei componente poate avea un impact pozitiv asupra celorlalte elemente ale lanțului. Diferitele funcții sunt interconectate, ceea ce poate duce la o serie de consecințe atunci când există modificări ale activităților. Aceste conexiuni, care adesea trec neobservate, joacă un rol important în gestionarea costurilor și în avantajul competitiv.

Activități de sprijin

Activitățile de sprijin contribuie la buna desfășurare a operațiunilor, permițând întreprinderii să își desfășoare și să își coordoneze activitățile primare pentru a maximiza eficiența. Acestea sunt:

- **(A) Infrastructura societății**, care include conducerea generală, financiară și administrativă, departamentul juridic și departamentele responsabile de planificare, controlul calității etc.

- **(B) Resurse umane**, care se ocupă de recrutare, formare, procese de remunerare, gestionarea competențelor, structura organizatorică, politica de bonusare, disponibilizări etc.

- **(C) Cercetarea și dezvoltarea** includ cercetarea și selecția de tehnologii, capacitatea de inovare, dezvoltarea de produse sau servicii, siguranța produselor, gestionarea brevetelor etc.

- **(D) Achizițiile (sau aprovizionarea)** implică metode de achiziționare a materiilor prime, de căutare a furnizorilor, de negociere cu furnizorii, de închiriere a spațiilor etc.

Activitățile de sprijin pot afecta unele dintre activitățile primare. Cu toate acestea, deși funcțiile descrise mai sus sunt comune, ele nu sunt prezente în fiecare companie.

 **UTILIZAREA LANȚULUI VALORIC**

Teoretic, este preferabil ca întreprinderile să utilizeze lanțul valoric al lui Porter înainte de a-și alege strategia și poziționarea pentru fiecare produs. Cu toate acestea, în practică, acest lucru nu se întâmplă întotdeauna.

UN MODEL ADAPTABIL

Atunci când defineşte acest concept, Porter subliniază necesitatea urgentă a unei abordări personalizate. El sfătuieşte companiile să aleagă mai întâi între un lanţ valoric scurt sau lung, în funcţie de importanţa sau nu a anumitor activităţi. Uneori este necesară şi reorganizarea lanţului valoric pentru a se distinge de concurenţi. În cele din urmă, Porter subliniază că cheia avantajului competitiv constă atât în reorganizarea, cât şi în interconectarea diferitelor activităţi. Într-adevăr, dacă una dintre activităţi progresează independent de celelalte, poate exista un dezechilibru între diferitele componente care generează noi costuri.

 ## APLICAŢII PENTRU FURNIZORII DE SERVICII

Deşi terminologia utilizată pentru a prezenta conceptul este legată de fabricarea produselor ("depozitare", "producţie", "reparaţii" etc.), lanţul valoric funcţionează la fel de bine şi în cazul companiilor care furnizează servicii.

LIMITĂRI ȘI EXTINDERI

LIMITĂRI ȘI CRITICI

Deși modelul lui Porter a fost elaborat în anii 1980, el rămâne relevant și astăzi și oferă în continuare instrumentele necesare companiilor care doresc să crească valoarea adăugată a activităților lor și să reducă costurile de producție. Cu toate acestea, în ciuda eficacității sale incontestabile, lanțul valoric are anumite limitări și este din ce în ce mai mult supus criticilor.

În primul rând, punerea în aplicare a acestei metode este relativ lungă și complicată:

- cantitatea de date necesare pentru a utiliza lanțul valoric este imensă și adesea dificil de obținut;

- marja de interpretare este prea mare, ceea ce poate afecta analiza și denatura rezultatul final;

- lipsa de precizie ar putea afecta analiza.

În al doilea rând, dorința de a deține un avantaj competitiv pe o piață determină întreprinderile să adopte politici de gestionare a costurilor, ceea ce reprezintă în sine una dintre principalele limitări ale modelului. Dacă toate companiile folosesc această strategie de gestionare a costurilor, prețurile vor fi din ce în ce mai mici, dar companiile nu pot reduce costurile la nesfârșit.

În al treilea rând, este dificil de determinat conceptul de creare de valoare legat de acest lanț, deoarece valoarea este percepută în mod diferit de către diferiți economiști:

- Economia neoclasică (începutul secolului al XIX-lea) se bazează pe utilitatea subiectivă sau pe valoarea relativă legată de schimbul și ne-schimbul costurilor de producție. Cu alte cuvinte, valoarea unui produs depinde de valoarea unui alt produs pe aceeași piață.

- Acest lucru este contrazis de economia clasică (între 1760 și 1848, în Franța și Anglia), care percepe valoarea ca fiind absolută și determinată în funcție de caracteristicile obiectului.

Modelul lui Porter pare a fi mai apropiat de gândirea neoclasică și se bazează pe interpretarea voinței clientului. În sens mai larg, criticii săi îl acuză de o lipsă generală de claritate și precizie în definițiile sale și consideră că teoria sa este lipsită de datele empirice care ar fi necesare pentru a o justifica.

Limitările și criticile prezentate mai sus nu constituie o listă exhaustivă și mulți sunt de acord că bazele lanțului au fost completate de lucrările altor economiști mai puțin renumiți. Cu toate acestea, deși cu siguranță trebuie utilizat cu grijă, lanțul valoric rămâne un instrument vital în gestionarea întreprinderilor.

MODELE ŞI EXTENSII CONEXE

Cele cinci forțe ale lui Porter

Michael Porter a încercat întotdeauna să înțeleagă problemele legate de concurență. Cu câțiva ani înainte de publicarea cercetărilor sale privind lanțul valoric, el şi-a dat seama că structura concurențială a unei companii era definită prea îngust. De asemenea, el a stabilit modelul "Cele cinci forțe ale lui Porter", care poate fi utilizat pentru a menține avantajul competitiv şi a asigura profitabilitatea pe termen lung. Aceste forțe sunt:

- **Concurența în industrie.** Companiile din cadrul aceluiaşi sector se luptă pentru a-şi păstra poziția.

- **Puterea de negociere a furnizorilor. Cu** cât un furnizor este mai puternic, cu atât poate impune mai multe condiții (preț, calitate, cantitate). În cazul furnizorilor mai puțin puternici, se întâmplă contrariul.

- **Puterea de negociere a clienților.** Aceştia impun cerințe privind prețul, serviciile şi calitatea, ceea ce, la rândul lor, influențează rentabilitatea unei piețe.

- **Amenințarea noilor concurenți.** Aceasta depinde de factori precum dimensiunea pieței (economia de scară), dorința de diversificare a activității, costul de intrare, accesul la materii prime şi standardele tehnice. Noii concurenți bulversează în mod inevitabil ierarhia actorilor de pe piață.

- **Amenințarea produselor de substituție.** Acestea reprezintă o alternativă la oferta pieței și, în general, au un raport calitate-preț mai bun.

Fiecare componentă a acestui model este influențată indirect de legislația și reglementările stabilite de autoritățile publice.

APLICAȚIE PRACTICĂ

SFATURI ȘI SFATURI DE TOP

Spre deosebire de contabilitatea generală, lanțul valoric nu este obligatoriu din punct de vedere juridic, dar rămâne un instrument important în managementul corporativ. Deși sunt posibile o serie de abordări diferite, este foarte recomandabil să se utilizeze metoda tradițională în șase etape prezentată mai jos.

Configurarea analizei

Prima fază constă în determinarea domeniului care urmează să fie examinat. Acest lucru necesită o bună înțelegere a procesului de fabricație în funcție de lanțul valoric și identificarea tuturor conexiunilor dintre diferitele activități. Următoarea etapă constă în definirea punctului de plecare (furnizorii de materii prime) și a punctului final (stocul de produse finite sau clientul) al proceselor globale ale întreprinderii.

Cartografierea lanțului valoric actual

Acest lucru presupune elaborarea lanțului valoric reprezentativ al companiei de la A la Z, fără a uita să includă toate etapele. În general, aceste etape sunt ilustrate prin pătrate, stocurile sunt reprezentate prin triunghiuri, iar transferurile sunt ilustrate prin săgeți.

Acest lanț valoric simplificat poate reprezenta o centrală de achiziții (1), care trimite bunurile stocate pentru cumpărare (2). Bunurile sunt apoi trimise la atelier (3), unde sunt supuse controlului de calitate (4), înainte de a se alătura stocului de produse finite (5). Odată ce produsele sunt comandate, acestea ajung în zona de distribuție (6).

Colectarea de date autentice

Această etapă are ca scop colectarea de informații relevante despre toate activitățile și conexiunile, dar și verificarea autenticității acestora. Datele care trebuie colectate vor fi diferite de la o companie la alta, în funcție de structura și sectorul acesteia. De exemplu, o companie de servicii nu este preocupată de procesele de fabricație, spre deosebire de o companie industrială. Industriile trebuie să afle mai multe despre durata unui ciclu de activitate, numărul de lucrători necesari pentru fiecare fază, distanța și timpul de transfer între fiecare etapă, costul activităților, eficiența utilajelor utilizate, rotația stocurilor, valoarea activelor, rata produselor defecte etc.

Transmiterea diagramei și a datelor

Apoi, este util să se discute lanțul valoric planificat cu persoanele în cauză. De exemplu, lucrătorilor ar trebui să li se ceară părerea cu privire la diagrama de fabricație. De fapt, este posibil ca membrii echipei să aibă o viziune diferită asupra procesului companiei, iar consultarea acestora poate rectifica orice aspect care a fost interpretat greșit. Se recomandă ca în această etapă să se adauge la diagramă durata de execuție și durata de evaluare. Prima estimează timpul necesar pentru finalizarea procesului, în timp ce a doua măsoară timpul pentru încorporarea valorii. Compararea acestor două date poate ajuta la identificarea domeniilor de îmbunătățire.

Restructurarea lanțului valoric

Al cincilea pas implică examinarea listei de întrebări stabilite în 1999 de Mike Rother și John Shook. Răspunsul la aceste întrebări permite companiei să revizuiască și, eventual, să reproiecteze lanțul valoric. Cele opt teme abordate de cei doi economiști au ca scop promovarea avantajului competitiv, iar scopul acestei etape este, în esență, de a schimba sau elimina activitățile care crează puțină sau deloc valoare. Cu cât perioada de execuție este mai apropiată de perioada de dezvoltare, cu atât mai mult compania a reușit să își reducă transferurile inutile. Odată ce optimul (sau echilibrul) este stabilit, este momentul să reprezentăm compania printr-un lanț valoric restructurat.

Cele opt întrebări ale lui Mike Rother și John Shook sunt:

- Care este durata lanțului valoric?

- Producția este păstrată într-un depozit sau este trimisă direct la rampa de expediere?

- În ce părți ale lanțului valoric puteți utiliza procesarea în flux continuu?

- Unde va trebui să folosiți sistemul de tragere al supermarketului?

- În ce punct unic din lanțul de producție (procesul de "pacemaker") veți programa producția?

- Cum veți rafina producția?

- Cum se va programa procesul de pacemaker?

- Ce îmbunătățiri ale proceselor aferente vor fi necesare?

👁 ÎMPINGEȚI ȘI TRAGEȚI

Fluxurile de împingere și de tragere reprezintă fluxul de bunuri, mărfuri sau alte componente care rezultă din previziuni. Fluxurile "pull" sunt determinate de previziuni, în timp ce fluxurile "push" sunt generate de comenzile clienților.

După ce ați răspuns la aceste întrebări, este important să:

- să cuantifice avantajul concurențial pe baza unui lanț valoric competitiv pe piață;

- încorporează diferitele active ale societății;

- să evalueze activitățile generatoare de valoare;

- consideră că avantajul competitiv nu provine doar din performanța fiecărei activități, ci și din legăturile dintre ele.

Planificarea acțiunilor de îmbunătățire

Odată ce compania a determinat activitățile care pot fi îmbunătățite, trebuie să găsească mijloacele necesare pentru a-și spori performanța. Se recomandă să se bazeze pentru aceasta pe diagrama reproiectată și să enumere toate sarcinile celor nouă activități (primare și de sprijin). De la furnizori până la primele modificări, întreprinderea va trebui să reseteze analiza de urmărire în fiecare etapă de la punctul de plecare. Într-adevăr, o activitate reproiectată poate avea un impact asupra celorlalte din cauza conexiunilor dintre ele, iar aceste modificări pot avea un impact asupra lanțului valoric al întreprinderii.

Succesul acestei bucle de analiză, în care punctul de plecare este întotdeauna același, se bazează pe patru reguli:

- procesul este continuu și respectă ciclul de producție;

- lanțul permite un control simplu și eficient al producției;

- compania beneficiază de îmbunătățiri în gestionarea cheltuielilor și a comenzilor;

- viteza de execuție crește, în timp ce volumul stocului depozitat este redus.

Sfaturi

Lanțul valoric al lui Porter este un instrument comun în domeniul managementului, dar utilizarea incorectă îi poate diminua eficiența. Cele mai frecvente erori sunt:

- Imprecizia în identificarea domeniului de aplicare a lanțului valoric.

- Elaborarea unui lanț valoric pornind de la o diagramă care denaturează relațiile dintre activități.

- Uitarea unei etape din lanțul valoric. Prin urmare, este foarte recomandabil să se urmărească fiz c traseul produsului în cadrul companiei, de la stocurile de materii prime până la expedierea produsului finit, pentru a se asigura că fiecare etapă este inclusă pe deplin în analiză.

STUDIU DE CAZ – COMPANIE INDUSTRIALĂ

Context

Deși modelul lui Porter nu se limitează la companiile industriale, am ales să folosim exemplul unei companii siderurgice care implică un lanț valoric lung. Această companie siderurgică a luptat din greu pentru a deveni lider de piață la nivel mondial. Pe lângă fuziuni și alte achiziții, capacitatea sa de adaptare a făcut-o lider în sectorul său. Compania a folosit diverse metode pentru a-și rafina managementul afacerilor, inclusiv lanțul valoric.

Principala sa activitate este asamblarea diferitelor maşini şi unelte care pot sculpta filete fine pe tuburi de oţel. Odată asamblate împreună, acestea permit clienţilor să extragă gaz sau petrol.

Compania îşi cumpără materiile prime (oţel şi fontă) şi piesele externalizate de la diverşi furnizori. Achiziţiile sunt depozitate înainte de a fi redirecţionate către centrul de sortare, unde trebuie să treacă un test de conformitate. Odată verificate, acestea sunt depozitate într-un spaţiu numit "stoc deţinut de companie". Piesele sunt apoi trimise la atelier. Pentru această companie, gestionarea stocurilor este o sarcină complicată, deoarece doar 80% dintre piese sunt identice de la o maşină la alta. Clienţii au propriile lor tuburi, iar dispozitivele trebuie să fie capabile să se adapteze la acestea. Fabricarea produsului este un proces foarte complex şi durează între patru şi şase luni. Odată finalizate, aparatele sunt depozitate înainte de a fi supuse unei serii de teste pentru a se asigura că funcţionează corect. Apoi sunt ambalate pentru a minimiza daunele şi sunt transportate la destinaţia finală. În plus, compania este implicată şi în repararea echipamentelor slab calibrate, defecte sau depăşite.

Acest proces de fabricaţie, dezvoltat în urmă cu mai bine de 25 de ani, este utilizat şi astăzi, deşi au avut loc unele modificări. Întreprinderea şi-a reorganizat structura pentru a-şi îmbunătăţi rezultatele, în ciuda complexităţii şi a costurilor ridicate pe care le implică acest lucru. Aceasta a fost o decizie necesară pentru ca societatea să îşi menţină poziţia de lider mondial în acest sector.

Reorganizarea lanțului valoric în cadrul companiei

Pentru a efectua o analiză completă a organizației sale, societatea a apelat la o echipă externă de experți calificați în management:

- Împreună cu managerii, aceștia au început prin a trasa o hartă a activităților de analizat și prin a selecta un punct de plecare (recepția materiilor prime) și un punct final (livrarea către c ienți). Cu toate acestea, a fost necesar să se facă legătura între cea de-a cincea activitate de bază și cea de-a treia, deoarece, după ce mașinile sunt reparate în cadrul celei de-a cincea activități, acestea sunt redirecționate către client.

- Apoi au proiectat lanțul valoric, având grijă să indice etapele (pătrate), stocurile (triunghiuri) și transportul (săgeți).

- Echipa externă a pregătit apoi un chestionar de 20 de pagini pentru a aduna date exacte pe baza domeniilor de activitate ale companiei. Managerii si inginerii acestora au răspuns mai întâi la întrebările specifice domeniului lor. Apoi, pentru a verifica și ajusta datele, experții au pus aceste informații la dispoziția tuturor lucrătorilor. Comentariile acestora au clarificat răspunsurile furnizate anterior. Echipa externă a estimat, de asemenea, durata execuției și a recuperării pentru a identifica cauzele potențiale ale întârzierilor: după comparație, constatările au sugerat că timpul de execuție era prea lung.

Răspunsurile la întrebările lui Rother și Shook au permis experților să identifice diferitele deficiențe ale lanțului valoric al companiei. Compania a descoperit că:

- Avantajul său competitiv în lanțul valoric provine din gestionarea eficientă a stocurilor de materii prime.

- Activele sale se bazau în principal pe costurile de producție legate de forța de muncă excelentă și de productivitatea mașinilor.

- Au existat două puncte de îmbunătățire potențială, unul la nivel de producție, celălalt la nivel organizațional. Primul a arătat că un număr mare de utilaje nu erau adaptate la cerințele clienților, în timp ce al doilea a arătat că timpul dintre faze și zonele de stoc era prea mare.

- Multe piese s-au rupt în timpul procesului de fabricație. Acest lucru nu s-a datorat erorilor de producție, ci achizițiilor făcute mai departe în cadrul lanțului, mai exact, articolelor externalizate.

După îmbunătățirea lanțului valoric oferit de experți, compania a observat trei schimbări majore:

- reducerea timpului de fabricație a mașinilor;

- reducerea costurilor de producție;

- îmbunătățirea aprovizionării cu produse finite, care sunt mai conforme cu așteptările clienților.

Analizând diferitele rute de producție, compania a putut apoi să îmbunătățească unele activități pentru a optimiza rezultatele și a-și menține poziția de lider de piață.

- **Coordonarea cu clienții.** O problemă majoră cu care s-a confruntat compania a fost lipsa de precizie în executarea comenzilor clienților. Mașinile trebuiau să sculpteze filete pe tuburile disponibile în atelier, chiar dacă diametrul tubului nu corespundea întotdeauna cerințelor clienților. Acestea trebuiau apoi să se întoarcă la întreprindere pentru ajustăr . Această problemă organizatorică evidentă a fost rezolvată prin construirea unui depozit rezervat tuburilor clienților. Mașinile pot funcționa acum cu precizie, iar compania nu mai este îngrijorată de reclamații.

- **Organizarea societății.** La început, compania era doar o mică afacere cu câțiva angajați. De-a lungul anilor, și-a văzut numărul de comenzi crescând exponențial. Compania s-a dezvoltat treptat, pr n creșterea suprafețelor de stoc și a numărului de spații dedicate atelierelor și birourilor. Când prima filială locală a devenit prea mică pentru a desfășura operațiunile, compania a construit o a doua, apoi o a treia, unde materiile prime și produsele finite au fost depozitate cu grijă. Experții au observat că era nevoie de prea mult timp pentru a transporta stocuri grele între primul sediu (utilizat pentru producție) și cel de-al treilea, iar stocurile trebuiau să traverseze întregul atelier pentru a ajunge la linia de asamblare. Compania a decis atunci să inverseze funcțiile primelor două depozite. Aranjarea acestora în funcție de fluxul de lucru a redus distanțele dintre atelier, zonele de inventariere și centrele de sortare și control.

- **Îmbunătățirea calității pieselor externalizate**. Datele au indicat că existau prea multe piese rupte, iar analizele au arătat că acestea proveneau în principal de la subcontractori din Europa de Est. Problema era reprezentată de calitatea materiilor prime ale acestora. Pentru ca întreprinderea să rămână competitivă, nu putea să fabrice ea însăși aceste piese mecanice sau să își schimbe furnizorii, deoarece toți erau relativ mai scumpi. Pentru a asigura calitatea, compania cumpără acum materii prime de la furnizori din Franța, pe care le trimite în Republica Cehă și Polonia pentru a-și fabrica piesele. Deși prețul de cost a crescut, întreprinderea beneficiază acum de o reducere a numărului de comenzi.

Fără aceste schimbări semnificative, compania nu ar fi putut rămâne un lider de piață la nivel mondial. Reproiectarea lanțului valoric a implicat decizii complexe care, deși costisitoare, s-au dovedit a fi benefice pentru întreaga companie.

REZUMAT

- Conceptul de lanț valoric dezvoltat de Michael Porter a apărut pentru prima dată în cartea sa din 1985 *"Avantajul competitiv": Creating and Sustaining Superior Performance.*

- Lanțul valoric este un model de gestionare a afacerilor care prezintă crearea de valoare în cadrul unei companii.

- Acest instrument analitic permite companiilor să își analizeze toate activitățile pentru a identifica și îmbunătăți domeniile mai puțin eficiente, în vederea maximizării avantajului lor competitiv.

- Lanțul valoric cuprinde nouă activități, care pot fi împărțite în două categorii: cinci activități primare și patru activități de sprijin.

- Analiza lanțului valoric cuprinde șase etape: identificarea domeniului de analizat, elaborarea lanțului valoric, colectarea și verificarea datelor, prezentarea datelor membrilor echipei pentru feedback, reorganizarea lanțului și planificarea acțiunilor.

- Acest instrument are multe avantaje: poate fi adaptat la toate tipurile de companii; îmbunătățește competitivitatea; oferă pași clari și bine definiți pentru a realiza în mod eficient analiza lanțului valoric etc.

- Cu toate acestea, evaluarea este un proces de lungă durată care necesită o cantitate mare de date. În plus, interpretarea personală joacă un rol important, ceea ce poate face ca modelul să fie mai puțin precis.

- Lanțul valoric poate fi utilizat alături de alte modele la fel de importante în managementul afacerilor, inclusiv faimosul "Cele cinci forțe ale lui Porter".

- Lanțul valoric este un instrument puternic, dar trebuie utilizat cu prudență. Pentru ca acesta să fie eficient, este important să se înțeleagă că fiecare analiză diferă de la o companie la alta.

- Îmbunătățirea lanțului valoric implică decizii complexe care, atunci când sunt puse în aplicare cu succes, permit companiilor să își atingă obiectivele.

LECTURI SUPLIMENTARE

BIBLIOGRAFIE

Hartwich, F., Devlin, J. şi Kormawa, P. (2011) Industrial Value Chain Diagnostics: Un instrument integrat. *Organizaţia Naţiunilor Unite pentru Dezvoltare Industrială*. [online]. [Accesat la 10 aprilie 2018]. Disponibil la: < https://www.unido.org/sites/default/files/2011-07/IVC_Diagnostic_Tool_0.pdf>.

Lachat, D. (2007) Chaînes de valeur, modèles entrepreneuriaux et étalonnage. *Archive ouverte en Sciences de l'Homme et de la Société*. [Online]. [Accesat la 10 aprilie 2018]. Disponibil la: < https://halshs.archives-ouvertes.fr/halshs-00124439/>

Magretta, J. (2012) *La Méthode Michael Porter*. Montreal: Éditions Transcontinental.

Porter, M. E. (1998) *Avantajul competitiv: Crearea şi menţinerea unei performanţe superioare*. New York: Simon & Schuster.

Porter, M. E. (2008) The Five Competitive Forces That Shape Strategy. *Harvard Business Review*. [Online]. [Accesat la 10 aprilie 2018]. Disponibil la: <https://hbr.org/2008/01/the-five-competitive-forces-that-shape-strategy>

Rother, M. şi Shook, J. (1999) *Learning to See: Cartografierea fluxului de valoare pentru a adăuga valoare şi a elimina MUDA*. Cambridge: The Lean Enterprise Institute of Brookline Massachusetts.

Zeroual, T. , Blanquart, C. şi Carbone, V. (2011) Supply Chain Management: portée et limites. L'Apport des théories des réseaux. *Les cahiers de recherche de l'ESCE.* [Online]. [Accesat la 10 aprilie 2018]. Disponibil la: < https://hal.archives-ouvertes.fr/hal-00595752>

SURSE SUPLIMENTARE

Harvard Business Review. (2011) *HBR's 10 Must Reads on Strategy.* Boston: Harvard Business School Publishing.

Magretta, J. (2012) *Understanding Michael Porter: The Essential Guide to Competition and Strategy.* Boston: Harvard Business School Publishing.

Vrem să auzim de la tine!
Lasă un comentariu despre biblioteca ta online
şi împărtăşeşte cărţile tale preferate pe reţelele de socializare!

Master ISBN: 9782808600804
Hârtie ISBN: 9782808602259
Depozit legal: D/2022/12603/226

Design digital: Primento,
partenerul digital al editurilor.